LE PRINCIPE

DE LA

FRANCE

ET

SA VRAIE DYNASTIE

PAR

EMMANUEL GERVAIS

DE PUY-L'ÉVÊQUE, LOT

CAHORS

IMPRIMERIE DE A. LAYTOU, RUE DU LYCÉE.

MAI 1870

INTRODUCTION

—

Si le Corps législatif avait été l'écho du pays, le Corps législatif n'aurait pas hésité à dire à l'Empereur : Sire, jamais la nature du principe de la France, n'a été aussi digne du gouvernement paternel que dans ces circonstances, par cela seul que la civilisation a porté le luxe à son sommet de délices. Avec ces données, les gouvernements républicains ou quasi républicains sont bien éloignés, et aussi éloignés que de Rome sous les règnes de Domitien, Commode, Caracalla. Aujourd'hui, les motions insensées veulent que la civilisation fasse la pureté des formes organiques, comme si ces formes n'étaient du domaine de la pureté des mœurs. Nos mœurs sont et ont toujours été d'égoïsme personnel, et appartenant pour ce motif, à la direction du pouvoir personnel; chaque français ne comprend la patrie que dans son bien-être particulier, et l'Empereur qui a la France pour propriété, se trouve le plus égoïste de tous ses sujets.

M. Gambetta, mon compatriote, est franc dans ses opinions, je suis aussi franc que lui dans mes sentiments absolutistes, par cela seul que l'égoïsme est la devise de Sa Majesté Napoléoneinne. Les rayonnements de Sa Majesté ne peuvent être que magnanimes et égalitaires. Les consommations reproductives autant sous les rapports intérieurs qu'extérieurs sont entre ses mains, comme les spéculations d'un bon père de famille qui sait dépenser mille francs sur ses immeubles pour en avoir trente mille dans peu d'années. Devant les vérités que j'exprime viennent échouer toutes les variantes des coteries; il est temps et grand temps d'envoyer les utopies dans le pays de la chimère d'où elles n'auraient dû jamais sortir.

Toujours, comme dit Lamartine, les bœufs ont été harcelés par les mouches, en traçant les sillons; toujours le principe de la France a eu des agresseurs. Ces agresseurs on doit les combattre, et surtout quand ils cherchent à étouffer la France, comme le lière rampant l'arbre destiné à porter des fruits délicieux. Les opinions absolutistes que j'exprime dans cet opuscule je les ai manifestées dans mes ébauches : le Roi Murat, le général Canrobert, Napoléon III, et dans une comédie vaudeville intitulée : *Les Faux titres.*

Le plébiscite ordonné par Napoléon a le courage du génie du trône qui convoque les assemblées générales, ou qui expose cette légende : *Au plus digne.* Charlemagne, Philippe-Auguste, les Napoléon peuvent faire ce que les monarques communément organisés ne peuvent faire sans de grands dangers. Je donne pour exemples la convocation des assemblées générales, sous les règnes de Charles V et de Louis XVI. Il faut en finir avec les assemblées délibérantes, car elles conduisent même les génies du trône aux abîmes, quand il leur survient des revers. Ce sont les revers qui firent du député Lainé un insolent, et des banbins des Cent-Jours, un refus obstiné à l'épée de Frietland qui allait délivrer la France de l'invasion des armées étrangères.

Une proposition qui n'étonnera pas le lecteur quand il aura recueilli ses souvenirs historiques ;

le clergé français et le radicalisme au paroxisme de la colère contre le monarque, ne doivent pas inspirer des alarmes, contre le gouvernement absolu, ni contre le père de la grande famille qui en a la direction, le clergé français et le radicalisme sont comme le flot de la mer dont parle le poète, qui écume et s'enfuit en reconnaissant son maître. Si les craintes ne sont pas dans ces deux catégories des couches du peuple, on ne peut pas donner les mêmes éloges à la haute richesse financière, car elle a soif de régner sous l'ombre d'un Roi à l'égal de la haute richesse immobilière du temps de la première et seconde race, et de partie de la troisième

Le radicalisme qui a souvenir du joug qu'il portait du temps de la féodalité de la première, seconde race et de partie de la troisième, passe à l'état de fureur quand il se voit sous la compression du régime anglais l'équivalent en France du régime féodal. C'est ainsi qu'en 1793 le radicalisme secoua le joug du régime anglais que les novateurs lui avaient imposé dans le but d'agrandir leurs richesses sur l'exemple des lords anglais, et de régner comme eux sous l'ombre d'un roi de la valeur présente de la reine Victoire. Le radicalisme par suite du joug du régime anglais,

commit les actes les plus atroces, jusqu'à l'arrivée
de l'arc-en-ciel monarchique et dynastique du
18 brumaire. Le radicalisme en France est immuable dans ses habitudes d'obéissance et de
réaction; ne l'a-t-on pas vu respectueux envers
le gouvernement paternel depuis l'ère nouvelle du
deux décembre qui l'a précipité dans les anomalies. N'est-ce pas l'impudeur du retour du
régime anglais mise au jour par les preux du
haut mercantilisme se composant des tripoteurs
de bourse, des enrichis de 1830, des chevaliers
d'industrie dans les tontines, dans les loteries,
Dans les sociétés anonymes.

LE PRINCIPE

DE LA FRANCE

ET

SA VRAIE DYNASTIE

Le haut mercantilisme a obtenu le régime anglais. Conversion probable du haut mercantilisme au moyen des majorités d'un *plébiscite,* ou par sa propre impuissance.

Sur la demande du haut mercantilisme qui a élu les 116, Napoléon a renoncé au transport des grands coupables en matière politique, à Cayenne, là où finirent leurs jours Colot d'Herbois et Billault de Varennes, Napoléon a consenti à la nomination des Maires par les communes, à pareille latitude dans les Conseils généraux des départements, en résumé Napoléon a mis la France sous la sauvegarde des majorités, avec la responsabilité ministérielle ; Napoléon s'est mis dans la condition de la reine Victoire en Angleterre. Il est évident que la nature gouvernementale des marchands de Londres a été substituée au pouvoir personnel et autoritaire de France. On s'est conformé en outre aux doctrines de feu Roger Colard qui faisait dépendre les vœux et prospérités de la France d'un ministère centre gauche.

Qui a fait ce régime anglais, est-ce vous agriculteurs? non, car lorsque nous avions élu Napoléon, Président, notre pensée intime était de faire un monarque absolu en France comme nos mœurs font un chef de maison pourvu de l'autorité paternelle! Est-ce vous radicalisme qui avez demandé le régime anglais? Les hommes libres sous la première et seconde races demandèrent-ils le régime féodal! Or le régime anglais est pour nous l'équivalent du régime féodal. En Angleterre, les couches infimes présentent le spectacle de l'ilotisme le plus scandaleux. Nous radicalisme avons horreur du régime féodal et du régime anglais. Qui en est l'équivalent, nous radicalisme sommes en France dans les sympathies des monarques absolus, or ces sympathies nous ont toujours fait obtenir des rayonnements égalitaires, nous possédons entièrement ces rayonnements depuis le règne de Philippe-le-Bel. Henri IV nous envoya une poule au pot, or le régime anglais ne donne qu'un souterrain manquant d'air aux déguenillés. C'est dans cette habitation humide, n'ayant qu'un peu de paille pour lit de repos qu'on voit une centaine de fameliques livrés pêle-mêle à l'inceste et à toutes variantes de démoralisation. Nous radicalisme nous nous sommes toujours vus sous les ailes paternelles du monarque absolu, c'est une injure que de nous demander si nous avons sollicité le régime anglais. Toutes les fois qu'on a mis en pratique pareil régime en France, nous avons protesté, et nous nous sommes retirés sur le mont Aventin. En 1789, quand les Malouet, les Clermont Tonnerre, les Lalitolandal, les Mounier, les Bailly, les comtes de Provence et les ducs d'Orléans, et autres novateurs eurent mis au jour le régime anglais, nous prîmes les armes avec cette légende: Vaincre ou mourir, nos anomalies eurent pour phases la Gironde, la Montagne, le Directoire, nos combats ne cessèrent qu'à la vue du 18 brumaire, ce jour fût un éden pour nous, il fut aimé et béni de toutes nos forces. Avant le 18 brumaire, nous radicalisme sous la forme des Jacobins, nous étions sous le protectorat du généralissime de l'armée d'Italie, au 18 fructidor sous la forme des bayonnettes du général Ramel, notre diversion fut sous le drapeau d'Augereau.

Est-ce vous braves soldats dont la gloire est égale à celle de vos frères de Marengo, d'Austerlitz, d'Iéna, de Frietland, qui avez fait abnégation de votre existence politique pour solliciter le régime anglais, vous répondez négativement parce que l'armée qui est dans les premiers rangs de la patrie ne veut pas être à la remorque d'un régime anglais qui ne peut être conduit que par la haute richesse financière, le dernier chaînon en utilité nationale. Calcul fait, l'armée rougirait de prendre le haut mercantilisme pour un rang que je ne veux exprimer. L'armée, puissance chevaleresque ne peut pas relever des profanateurs du temple.

Est-ce vous, haut mercantilisme, qui avez sollicité le retour du régime anglais? Oui! Et cela parce que le gouvernement paternel vous déplaît; il vous déplaît parce que vous auriez voulu régner sous son ombre, au moyen des prêts usuraires au gouvernement. Le gouvernement a su se passer de vous en devenant le créancier de toutes les bourses médiocres et infimes de l'Etat. Vous n'aimez pas le gouvernement paternel parce que vous n'avez pas pu faire des spéculations léonines comme de 1830 au 24 février 1848, spéculations qui vous valurent 25 milliards. Ce n'est qu'avec des rois postiches, que vous faites bien vos affaires au détriment de la Nation qui ne peut voir dans l'agrandissement des richesses du petit nombre qu'un pronostic au retour féodal ou à des équivalents. Vous, haut mercantilisme, qualifiez de civilisation le retour du régime anglais, l'histoire le qualifie autrement : elle le qualifie de tyrannie à plusieurs têtes barbares.

Le haut mercantilisme réside principalement à Paris; aussi les neuf élus en la capitale appartiennent au régime anglais. Sur le nombre des élus, il y a un député qui prend parti de la forme radicale; mais au fond, il s'identifie avec ses confrères sortis de l'urne. Comme eux il fait obstacle à tout ce qui peut entraver l'espérance d'une idole au choix de la haute richesse. Les élus de Paris sont dans l'intimité des Guizot, Nestor, Thiers Rochefort n'est que le compère des intelligences à régime anglais, et à monarques postiches. Si Rochefort appartenait au radicalisme, Rochefort aimerait l'Empereur et sa dynastie qu'il voudrait absolus. Le radicalisme en 1830, n'avait pas cru combattre pour le régime anglais, et un roi éphèmère, la volonté de la faction mercantile, la couronne fut escamotée aux vainqueurs de Juillet;

le 24 février 1848 le radicalisme eut son repit. Après une fièvre d'accouchement d'une durée voulue par les circonstances, le radicalisme du 2 décembre fut le radicalisme du 18 brumaire. Or ce radicalisme que le haut mercantilisme cherche à étouffer, replacera toujours la couronne de l'absolutisme sur le front Napoléonien dont la longévité sera d'une douzaine de siècles.

L'*Avenir national* a dit que les Napoléon ne pouvaient être que monarques absolus; ce journal est l'écho de l'histoire. Le principe de la France est né absolu, par cela même ce principe est immuable, et est immuable comme le caractère de la nation. Les Anglais ont-ils changé leur droit public recouvré entièrement après la mort de Charles 1er. Ont-ils repris l'absolutisme établi par Guillaume le Conquérant? Et pourquoi en France aurait-on le vertige de revenir à la féodalité, ou à son équivalent le régime anglais.

Ce sont les monarques de génie qui ont en France fait retentir le diapazon du principe. Les monarques de génie sont Clovis-le-Grand, Charlemagne, Hugues-le-grand, les Napoléon. Ces monarques d'initiative se sont tous prononcés pour le gouvernement paternel; des vices de constitution ont entravé la marche du principe absoluiste, mais ce principe a toujours fini par rompre les langes dont l'enveloppaient ses vices de constitution. La divisibilité de la couronne sous la première et seconde races, et les apanages sous la troisième race, furent funestes au principe de la France qui ne gémit que trop longtemps sous l'arbitraire d'une catégorie de tyrans sous les noms de ducs, de comtes, de barons qui s'étaient partagés le territoire de la France, pour y établir une domination tout-à-fait déchirante, contre des populations dont le sort était pire que celui des bêtes qu'on soigne au moins à raison du profit qu'elles donnent.

Napoléon 1er avait eu recours aux assemblées délibérantes dont il avait la direction; en cela il imitait Charlemagne qui, au moyen de ces assemblées, fit restituer aux hommes libres, leurs biens et leurs libertés. Mais Napoléon, après les désastres de Moscou, aurait dû abolir ces assemblées délibérantes, car elles sont toujours funestes dans les revers. L'événement approuva la règle. Taleyran, le pourri, en entente avec les Bourbons recruta des traîtres, et Joseph, prince érudit, mais tout à fait étranger à la direction des affaires publiques, se laissa tromper par les conspirations bourbonnien-. nes et ennemies. La déchéance des Napoleon fut prononcée, avec la livraison des clefs de la capitale par l'administration qui les porta aux puissance étrangères qui avaient pris Clichi pour quartier général. Au Cent Jours, l'événement approuva aussi la règle. Après la néfaste de Waterloo, Napoléon offrit à l'assemblée des Cent-Jours son épée avec la certitude d'immoler les ennemis placés d'une manière hasardeuse sur la rive gauche de la Seine. Les intrus anti-français refusèrent l'épée d'Osterlitz et de Wagram ; je demande si l'absolutisme de Napoléon n'aurait pas sauvé la patrie ; je demande si la situation de Napoléon après les désastres de Waterloo, n'était pas plus favorable que celle de Louis XIV, après les défaites d'Hoctet et du Ramilies ; je demande si Napoléon n'aurait pas été aussi triomphant sur les rives de la Seine, que Vilards à Leudrecies contre le premier général de l'Europe, Eugène de Savoy. Quand on s'est servi des assemblées délibérantes pour le bien public, il faut les renvoyer dans leurs foyers. En règle générale on ne doit avoir recours aux assemblées délibérantes que lorsqu'il y a lieu à changement de dynastié, comme à Noyon. Il me semble que la logique de l'actualité nous conduit à pleines voiles au gouvernement parternel ; et à la stabilité de ce gouvernement. Une chambre nouvelle, quand il sera temps de l'exiger, sera radicale, or, si elle est radicale elle sera patriotique.

Du temps de Louis XIV, la dictature était entre les mains du monarque, au nom du pays, et présentement entre les mains des majorités au nom du pays, les majorités doivent, suivant toutes probabilités, être radicales et absolutistes, or, étant ainsi elles demanderont la dictature, elle ne pourra pas leur être refusée. Au moyen d'un plébiscite par cette dictature, les richesses du haut mercantilisme seront émondées, ce qui est de nécessité pour la marche du rouage monarchique.

Le radicalisme posera sur la tête de Napoléon à toujours la couronne de l'absolutisme au grand contentement du haut mercantilisme qui aura sauvé sa tête, et une grande partie de ses richesses. Le radicalisme a toujours été efficace au gouvernement paternel, il sera toujours semblable à lui-même. On objecte que le radicalisme veut la république, on se trompe, le radicalisme sait comme tout le monde, que les Etats d'une étendue ordinaire ne sont pas faits pour les gouvernements républicains, il sait encore mieux qu'un vieux peuple est tout à fait étranger au meilleur des gouvernements, et incapable d'en supporter la pureté, il sait que la civilisation a porté le luxe presque au sommet de ses délices, et qu'en pareil cas il est impossible d'obtenir l'abstraction du

luxe, or, en France pourrions-nous nous conformer aux mœurs de la Suisse, nous conformer à
ses goûts simples et à sa frugalité?

Le radicalisme voit donc comme tout le monde
l'impossibilité de la république, mais il fait tout
ce qu'il faut faire pour chasser l'immoralité du
régime anglais qui est le despotisme à plusieurs
têtes; pour empêcher l'envahissement de ce régime
il faut supprimer la partie des trop hautes richesses d'une manière mal acquises depuis 1830. Par
cette suppression, les bases du régime anglais sont
détruites, et la monarchie paternelle peut fonc-
tionner fructueusement sans le moindre obstacle.

Le haut mercantilisme à cheval.

L'Empereur a porté la complaisance jusqu'à
tenir l'étrier au haut mercantilisme pour se mettre en selle sur le cheval fougueux de la Nation;
Ce cheval est calme et paisible parce que Napoléon le tient par la bride. L'Empereur est le plus
rapproché du haut mercantilisme en carricature
volontaire sur le cheval fougueux; sous le visage
sans émotion de sa Majesté, est une hilarité peu
ordinaire. La carricature est en face de l'uni-

vers français et européen, cet univers fait entendre de bruyants éclats de rire, la carricature
est en face de l'armée qui rit jusqu'aux larmes,
et davantage qu'à la vue du baudrier sur la robe
de M. B***, qualifié *l'avocat de l'hypothèque et
du mur mitoyen*. Dans un temps donné le haut
mercantilisme dira à Napoléon : Sire, ne tenez
plus les rênes du cheval fougueux, je suis meilleur écuyer que les Napoléon. *Volontiers que
Dieu vous ait sous sa sainte garde!* Le cheval
qui se voit dégagé des mains de son maître, com-
mence à faire des bonds, à se ruer, à faire des
écarts. Sur ces anomalies, le cavalier haut mercantilisme se sent saisi de peur et de frayeur.
Radicalisme qui me regardes, sauve-moi d'une
chute mortelle ; je me rappelle les parlements,
les fermiers généraux, les monarchiens, les parti-
sans du régime anglais avant et après 1789, je
me rappelle la chute de la guillotine contre
Bailli et Malezerbes, je me rappelle l'emprison-
nement de Lafayette à Olmut. Pour mon salut,
je te donne les trois quarts des milliards que j'ai
soustraits avec habileté à la France. Cet argent
tu le distribueras avec pouvoir discrétionnaire à
tes pauvres, par cette distribution le char monarchique n'aura plus de bâtons dans ses roues.
Haut mercantilisme j'accepte le tout; mais à la

condition que la couronne de l'absolutisme sera
à toujours sur le front Napoléonien, et qu'à dater
de ce jour il y aura suppression des assemblées
délibérantes, jusqu'au 30me siècle, époque qui, suivant les probabilités verra un nouveau changement de race.

**Etat de la France à l'intérieur et à l'extérieur, si le haut mer-
cantilisme élevait au pavois une idole avec le régime anglais.**

Du moment que Napoléon tiendra les rênes au
bras en présence des orages entre le haut mercantilisme et le radicalisme à l'égal de Charles V,
en présence des nobles aspirants au retour féodal,
et les Jacques, le haut mercantilisme n'aura pas
l'audace de nommer un roi postiche avec le régime anglais. Il faudrait pour être enhardi à cet
attentat que Napléon fît abdication de sa couronne. Admettons pour un moment cette abdication,
alors le haut mercantilisme élirait un roi de son
choix, et je doute qu'en définitive ce roi fût un
d'Orléans. Un d'Orléans pourait être élu provi-
soirement et à temps, pour éviter des secousses.
Le nouveau Roi serait pris parmi les enrichis du
haut mercantilisme ; si la mort n'était survenue

il aurait pu porter le nom de Silvain Dumon, tout-à-fait homogène au caractère et à la morale des nouveaux preux. Avec cette révolution dynas·tique et seigneuriale, quel serait le sort de l'armée qui, présentement, a une existence politique.

L'armée prendrait évidemment la physionomie du cheval de l'Apocalypse mis au monde par St-Jean, victime de la tyrannie romaine. L'armée serait mise en bandes d'appariteurs, de garnisaires, de geôliers, de piqueurs dont les fonctions seraient de faire taire nuitamment les chants des grenouilles troublant le sommeil des lords, de création nouvelle, dont les fonctions seraient de traquer les bois et forêts, pour en faire sortir le gibier et bêtes fauves, devant les portes des très-hauts et très-puissants seigneurs du haut mercantilisme. Cette révolution conduirait les cultivateurs et agriculteurs, aux haillons et à la glèbe, et les ouvriers des villes à la faim et au grabat des déguenillés de Londres. Cette révolution produirait évidemment la rupture de la France avec le Pontificat; qui ne se rappelle le divorce d'Henri VIII et des Lords avec le pape Clément VIII et ses successeurs. Avant le divorce des Lords avec la Cour de Rome, on faisait retentir des vœux pour la religion anglicane. Présentement en France, des hommes d'un mérite supérieur, font retentir le dogme de la religion gallicane. Ce retentissement me paraît tout-à-fait imprudent et même puéril, il est des choses entre puissances qui doivent être abandonnées aux évènements sans parler des règles qui peuvent les régir. A-t-on besoin de parler de la religion gallicane, lorsque par le fait le clergé français est médiateur entre le Saint-Père et le Monarque de France, et même hostile au Saint-Père quand il le faut. A cet égard, tout le monde connaît la levée de bouclier, du Clergé français contre Jules II, et l'intervention bienveillante de la Duchesse de Bretagne, épouse de Louis XII.

Je viens d'examiner la question, sous l'aspect intérieur, je vais l'examiner sous la face extérieure. Comme un efaction règnerait en France avec le régime anglais et un monarque de la valeur de la reine Victoire, toutes couches du peuple seraient en France dans les tiraillements ; or pour régner sur le mécontentement général, les preux du haut mercantilisme auraient recours au protectorat anglais comme les factions du Portugal et de la Belgique, et comme les factions de 1815 à 1848 ; on sait que sous le règne de Louis-Philippe les Anglais nous imposèrent l'abandon de la Belgique, la restriction de nos affaires commerciales, et la limite de nos flottes à 36 vaisseaux de guerre.

Le haut mercantilisme serait obligé de payer au Cabinet Britannique pour avoir son protectorat au moins le tiers de ses revenus. Sur l'exemple de la France le régime anglais ferait flotter son drapeau sur l'Italie et sur toute l'Allemagne. Comme le régime anglais est l'équivalent du régime féodal en France, dans la Péninsule et dans la Germanie. Ces puissances passeraient de leur grande force à un grand affaiblissement. La Russie qui n'est qu'au printemps de l'absolutisme profiterait des circonstances pour mettre à exécution ses projets ambitieux contre Constantinople, victorieuse de l'Empire ottoman, elle porterait le succès de ses conquêtes en Italie, en Allemagne, en France, qui seraient inféodées au vaste Empire du czar. Pour se faire une idée de l'avantage de l'absolutisme contre la féodalité ou régime anglais, on n'a qu'à se rappeler la bataille de Bouvines, où le soleil levant de l'absolutisme de Philippe-Auguste fut victorieux contre la féodalité allemande, et Jean Sans-Terre dont le pouvoir absolu était affaibli à raison de la concession de la grande Charte.

On me fait cette objection : Si les Anglais avec

leur régime occupaient la France, l'Italie et l'Allemagne, non-seulement ils se sauveraient contre les agressions du Czar, mais encore ils garantiraient le Sultan de la conquête du Gouvernement de St.-Pétersbourg. Je conviens que les Anglais avec leur régime auraient autant de force et de résistance contre les armes russes que l'absolutisme de la France, de l'Italie et de l'Allemagne. Mais le régime anglais est hétérogène aux trois peuples dont il vient d'être parlé ; le régime anglais en France n'a aucune force de cohésion. Les pirates de Londres ont entr'eux la bonne foi pour devise, ils pratiquent cette bonne foi depuis l'origine de leurs nationalités ; or cette bonne foi n'a jamais existé parmi les très-hauts et puissants seigneurs de la féodalité, et la preuve c'est que la féodalité de la première et deuxième races vint disparaître entre les mains de Charlemagne, de Philippe-Auguste et de Philippe-le Bel, et sans chercher des exemples éloignés. Le gouvernement provisoire des treize le réduisit à six de la Commission exécutive, et ce dernier nombre se réduisit à un seul, le général Cavaignac, cet homme qui le 23 Juin suivit les errements de Sa Majesté citoyenne au cloître St.-Méry, à la place de Grève, à la rue Transnouin à la Croix-Rousse à Lyon. Le général

Cavaignac rêvait sans le vouloir le retour orléaniste, si le principe de la France n'avait impérieusement voulu l'héritage de la gloire qui avait fait son choix immuable le 18 brumaire. On vient de voir les conséquences funestes du régime anglais à l'intérieur de la France, et les mêmes conséquences à l'extérieur.

J'ai la conviction qu'à la vue des abîmes, le haut mercantilisme quoique passionné pour le gouvernement de Milord, acceptera l'absolutisme en disant aux Napoléon que votre volonté soit faite à toujours ; vos intérêts sont ceux de la patrie comme les intérêts d'un chef de famille, les intérêts de la famille. Par sa véritable nature gouvernementale, la France sera heureuse à l'intérieur, et grande sous tous les rapports à l'extérieur. Napoléon III lui a rendu son rang de nation de premier ordre et de nation prépondérante, et ce rang sous les regards des quatre parties de notre planète, élancées au progrès et à l'imitation de notre pays qui ne veut trouver ses prospérités, que dans les prospérités de tous les peuples.

Du Radicalisme.

J'en ai déjà parlé. Le radicalisme est le fidèle de la monarchie, et des vrais dynasties. Présentement il est le fidèle de la dynastie Napoléonienne; tout le monde a souvenir que le radicalisme fit des prodiges en faveur des Capétiens, sous la forme de l'Albigéisme, tout le monde a souvenir que le radicalisme fit des prodiges en faveur des Valois, sous la forme des Jacques, tout le monde a souvenir que le radicalisme fit des prodiges en faveur des Bourbons sous la forme du Calvinisme; tout le monde a souvenir que le radicalisme sous la forme du Jacobinisme combattit les Clichiens en faveur d'Augerau, au 18 fructidor; Augerau représentant le soleil levant du 18 brumaire! Tout le monde a souvenir que si le Prince Joseph s'étant adressé aux faubourgs de Paris, après avoir étouffé les conspirations, quarante mille braves se seraient unis aux braves de Marmont et de Victor, pour empêcher les ennemis d'entrer dans la Capitale, jusqu'au retour de Napoléon qui les aurait taillés en pièces. Tout le monde a souvenir des fleurs et des chants pa-

triotiques autour de la colonne Vendome, pendant que Louis-Napoléon était en contemplation
en l'hôtel de la Hollande, d'un manifeste qui sur
sa volonté pouvait opérer la défenestration de
l'intru de 1830, et de sa faction peuplée des çо-
médiens de 1815 à 1830, tous sous le fouet de
l'Evangile, comme étant les vendeurs du temple.
Le radicalisme n'a mis au jour son programme
de l'Hôtel-de-Ville, que lorsque le régime anglais
est venu poser une espèce de cancer sur le principe de la France, alors le radicalisme a proclamé
que l'*insurrection étant le plus saint des devoirs.*
Cette insurrection est-elle blâmable contre le régime de l'Angleterre qui n'a d'eden que pour
quelques privilégiés, et l'ilotisme pour toutes les
couches du peuple! Nos pères étaient-ils donc
blâmables quand ils s'enrôlèrent sous le drapeau
de Philippe-Auguste, de St.-Louis, de Philippe-
le-Hardi, de Philippe-le-Bel, pour renverser les
quatre bases du principe féodal; or le régime
anglais est l'équivalent du régime féodal. La trop
grande richesse du haut mercantilisme, la porte
à fouler le principe de la France, et substituer à
sa *nature gouvernementale,* la nature gouvernementale des marchands de Londres dont l'objet
est de faire des Lords en France, comme dans la

grande Bretagne, or en Angleterre, l'habitude est de voir des rayonnements, tandis qu'en France l'habitude est de voir des rayonnements inégalitaires. En France on n'a plus l'inconvenance de briser le vase de Soissons, mais on a comme règle immuable l'égalité, suivant les classifications et corporations à existence politique que les lois ne font point, mais nos mœurs et le fait de nos habitudes. Le radicalisme ne veut pas du régime anglais il est à l'œuvre de son émondage, il faut le laisser faire, il fera cet émondage sans abus, ses abattis lui appartiendront de plein droit, il s'en servira pour habiller ses pauvres, et la monarchie se réjouira de leur aisance, d'autant que le radicalisme par ses modifications contre le haut mercantilisme, aura brisé tout ce qui était un obstacle aux fonctions du rouage monarchique. Bénissons de toutes nos forces le radicalisme et l'avenir de ses bienfaits.

Que fera la Chambre qui succédera à celle qui existe. Dans le cas que le Plébiscite, trompé par les imprudences n'obtienne l'absolutisme.

Cette seconde chambre terminera l'œuvre du

bien. Elle sera composée en majeure partie de députés radicaux et absolutistes créés par l'agriculture. ¡ Les radicaux et les absolutistes se donneront la main avec d'autant plus de sincérité qu'ils ont pour devise : où est la dynastie napoléonienne, là est la patrie. Sous la première et deuxième race, les radicaux qui étaient les serfs, et les agriculteurs appelés hommes libres, gémissaient ensemble sous le joug barbare de la féodalité. Ils ont souvenir de ce passé historique, par cela même ils font cause commune contre le régime anglais qui est l'équivalent de la féodalité jusqu'au règne de Philippe II. Le régime anglais, qui l'a voulu avant et en 1789 ? les ambitieux. Qui l'ont voulu en 1815 ? Louis XVIII à la remorque des voleurs contre un décret impérial de 1813. Qui l'a voulu en 1830 ? une seconde fournée de fameliques à qui Chateaubriand disait : « Vous n'avez rien à donner, et tout à recevoir. » De 1830 au 24 février 1848, ces fameliques se sont engraissés de 23 milliards. Cet engrais était la consommation reproductive de sa majesté citoyenne. Qui veut présentement le régime anglais avec un automate comme la reine Victoire ? le haut mercantilisme parce qu'il tremble en face de l'absolutisme égalitaire et de sa dynastie, la dynastie napoléonienne.

Il faut qu'on accorde à ce haut mercantilisme l'ilotisme de la France, ou qu'on exige la coupe de ses cheveux à mettre à la Titus, par les ciseaux patriotiques du radicalisme. Louis XIV sut mettre à l'échelle de proportion l'insolence d'un Aaron haut enjambé par ses richesses. Le radicalisme sera le missionnaire des majorités par voix de plébiscite, pour l'accomplissement de pareilles mesures. Il aura à émonder l'arbre trop touffu du haut mercantilisme qui se compose des habiles financiers, en d'autres termes des chevaliers d'industrie depuis 1830 jusqu'à nos jours. Par son travail d'Hercule le radicalisme aura pour récompense les trois quarts des milliards en la possession des Aarons du haut mercantilisme, or par une sage répartition entre ses pauvres, le radicalisme ne sentira plus la faim ni la soif, et les enfants de l'absolutisme napoléonien ne verront plus d'entrave dans la marche matérielle du rouage de la monarchie.

J'entends qu'on me dit : « Que ferez-vous avec les lois des majorités, contre les hautes richesses financières qu'on emportera facilement à Londres, à Saint-Pétersbourg? » Ce moyen est infructueux à raison de l'imitation de l'école de Mazini.

Les radicaux et les absolutistes d'agriculture

qui triomphèrent sous les Capéciens d'une féodalité, d'une valeur bien supérieure à celle des preux du haut mercantilisme, ne permettront pas que la dynastie napoléonienne devienne une dérision, comme Charles le Simple devant Rollond, complice d'une grossière saturnale contre le roi de France.

Napoléon peut dire aux majorités : « Je me conforme à la sagesse de vos lois, » par cet abandon, Napoléon, après l'œuvre des majorités, qui consiste à restreindre les hautes richesses, Napoléon recevra de toutes les couches du pays la couronne à toujours du gouvernement personnel et autoritaire.

C'est pitié qu'en 1870, époque du sommet de la civilisation et du luxe, on entende à la tribune des motions de république, ou de quasi-république. Le luxe, à ses plus hauts degrés, peut-il engendrer des républiques ou des quasi-républiques? et si nous n'étions en possession des bienfaits du Christianisme, pourrions-nous demander un gouvernement même monarchique? Du temps du paganisme, il fallut une prérogative pour l'obtenir par le prophète Samuel. — Sans le Christianisme, et nous devons son sublime commentaire à Chateaubriand, la France, les puissances de l'Europe et de notre planète, ne relèveraient que des Tibère, des Caïus, de Néron, des Domicien, des Comode, des Héliogabale. A cause du christianisme, les Etats ont des gravitations, parmi lesquelles la gravitation cléricale conciliatrice entre le sceptre de France et le sceptre de Rome qui est indispensable dans l'équilibre entre toutes les nations.

Le sceptre de Rome, la France en a été toujours inséparable ; présentement il fait cause commune avec les radicaux, et absolutistes de France, d'autant que la France est menacée du régime anglais, et de toutes ses suites parmi lesquelles la religion gallicane sur la ligne de la religion anglicane qui sépara l'Angleterre du pontificat à la date du pape Clément VIII. Le régime anglais, en France, et un roi postiche, la replongeraient dans les tribulations atroces du passé historique. Le radicalisme est signalé comme exécuteur de la coupe de la cellule qui porte le venin de la vipère.

Le comte de Chambord.

J'aime le comte de Chambord plus que moi-même, sous l'aspect privé, parce qu'un de mes aïeux avait été le professeur de Louis XIV. Je le prie de m'écouter un instant sur des règles fondamentales et sur des faits contraires à ces règles :

« Comte de Chambord, vous avez fait circuler en France un droit que vous n'avez pas à raison de l'événement du 21 janvier, événement commun au dernier Mérovingien, et au dernier Carlovingien ; la retraite à St-Médard, et à la citadelle d'Orléans est connue de tout le monde. Eussiez-vous le génie d'un homme d'Etat, et après l'extinction de tous les membres de la quatrième race élevée au pavois par la gloire, comme la vôtre. Ce n'est pas dans les trois races du passé qu'on puiserait une cinquième race, cette cinquième race serait choisie dans toutes les couches du peuple français. Chateaubriand savait par cœur votre position quand il disait : « Je ne demande pour Henri de Béard qu'un tombeau à St-Denis ! »

» Descendant d'Henri IV, et descendant par Marie-Thérèse d'Isabelle de Castille, et de Ferdi-

nand d'Aragon, vous devez avoir un caractère per-
sévérant et à la fois français. Pour ces raisons, vous
devez maudire les d'Orléans. Ces d'Orléans sont
les enfants du premier et second égalité. Le premier assassina Louis XVI votre grand-oncle, et le
second a tué votre père le duc de Berry, avec des
humiliations contre votre mère à Blaye. Votre
aversion contre les d'Orléans doit être au paroxisme, car vous sentez circuler dans vos veines le
sang français et le sang espagnol; les d'Orléans
doivent être pour vous comme l'infâme Frédé-
gonde pour la vertueuse Brunehaut!

» Si la France vous demande contre ses ennemis et les vôtres une levée de boucliers nè la lui
refusez point. Priez sur la tombe d'Henri de Bourbon, et avec les mêmes émotions que le peintre
d'Atala et de Cimodocé auprès du lit de mort du
duc de Berry, votre père; priez sur la tombe d'Henri
de Bourbon avec le même sentiment que le héros
d'Homère auprès de l'urne funèbre de son hono-
rable ami ! Patrocle avait combattu pour un af-
front fait à la Grèce, et Henri de Bourbon, com-
battait pour la liberté de l'antique Ibérie et contre
des quêteurs de couronnes. »

Lé gouvernement paternel, est la conservation,
l'éden de la France et des nations dotées d'un

principe semblable au nôtre. C'est pour avoir blessé cette vérité fondamentale que la Pologne fut dépaissée. Quand notre principe est infesté de féodalité, de ses équivalents, ou à la veille de l'être, tous les moyens sont permis, pour se délivrer des alarmes, ou de se dégager de l'envahissement du mal. Dans le passé ce sont les rois qui avaient la haute mission, de laver la rouille féodale. Elle avait l'impudeur de donner pour arguments les droits acquis. — Les droits acquis ne sont applicables aux droits qui font essentiellement obstacle au rouage monarchique.

Charlemagne, au nom de la France, fit restituer aux hommes libres, leurs biens et la liberté. Philippe–Auguste fit rentrer dans l'unité du pouvoir une douzaine de provinces, et Philippe-le-Bel imitant ses prédécesseurs, porta le coup de grâce à la féodalité, par des préalables d'habileté, dont l'objet fut de supprimer contre les seigneurs le droit de fabriquer des espèces métalliques. Louis le Hutin affranchit les serfs de le glèbe, les seigneurs se recriaient en disant qu'on leur volait leurs principales bêtes de travail. Charles V dit le Sage, resta l'arme au bras, pendant que les Jacques, tout à fait dévoués au gouvernement paternel, empêchaient les nobles de recouvrer le régime féodal. Henri IV, au nom de la France, comme ses prédécesseurs, fit rentrer dans le néant les reflux ducs de Guise et duc de Biron, combattant ou conspirant pour le retour du régime féodal.

Louis XIV fit appréhender au corps un homme trop engraissé d'or et d'argent, après l'avoir épuré de toutes craintes et entraves contre la monarchie, il le rendit à la liberté. Napoléon Ier, qui lisait dans l'avenir, avait sous presse en 1813 un décret qui faisait rentrer dans le domaine de l'Etat les biens des émigrés vendus tout à fait à vil prix. Présentement la dictature n'est plus dans les mains du monarque, parce que le monarque le veut, elle est dans les mains des majorités. Dans un temps donné la dictature sera né_cessaire, pour réduire à un état inoffensif, les trop grandes richesses mal acquises de 1830 au 24 février 1848, et sous le règne de Napoléon III ; les hautes richesses donnent plus de puissance a leurs possesseurs que n'avaient les Leudes, usurpateurs des bénéfices et offices sous la première et deuxième races.

En la première et seconde races, les Leudes, à raison de l'accroissement de leurs richesses, créèrent la féodalité en France, or actuellement le haut marcantilisme a dans ses portefeuilles, ou coffres-forts de quoi corrompre la France, l'Italie, l'Allemagne et de les contraindre à subir le joug du régime anglais pire sous les rapports intérieurs et extérieurs, que la ci-devant féodalité.

Le haut mercantilisme a beaucoup plus d'argent pour corrompre la France; l'Italie et l'Allemagne, que Philippe de Macédoine, n'en avait pour corrompre la Grèce entière. Les chefs étrangers du haut mercantilisme sont trente fois plus riches qu'Egalité de 1789 ; or, l'argent de cet Egalité fit les orages de la Bastille et les massacres de Versailles pendant l'heureux sommeil du « héros des deux mondes. » Les majorités de la fusion radicale et absolutiste feront un décret restrictif, des trop hautes richesses financières mal acquises à la date exprimée, et comme funestes par l'excès au rouage monarchique. Au moyen de l'imitation de l'école de Mazini, la trop haute richesse ne pourra échapper aux opérations efficaces dictées, suivant la mode actuelle, par les plébiscites dont le but est une égalité d'ordre, de bonheur, de conservation pour toutes les couches du peuple.

On fait ressortir que dans une monarchie, la confiscation mobilière et immobilière est défendue.

Dans une monarchie, mais lorsque le régime anglais est dans la constitution française, n'est-on
pas dans les formes despotiques ! or la confiscation
aux termes de nos classiques est permise dans les
gouvernements despotiques. Dans les circonstances actuelles, c'est un adage à observer, contre
lequel il n'y a d'objection ; avant tout le salut du
peuple ; or pour sa conservation il faut la restitution de la haute richesse, volontaire ou forcée à la
date de 1830. La restitution, la troisième race la
faite toujours pratiquer. Napoléon III, créé monarque absolu par la gloire, l'héritage de la gloire,
et l'urne qui a toujours eu dans l'intention l'absolutisme, a le droit de tout opérer pour les bases
de l'absolutisme ; mais il s'en réfère pour toutes
choses aux plébiscites, « que sa volonté soit faite ! »

Si un plébiscite, avant l'épuration du haut mercantilisme, proclamait la nature gouvernementale
appropriée aux principes de la France, la restitution des coupables du haut mercantilisme serait
nécessaire, car si un successeur de Napoléon III
se faisait Louis le Débonaire, les engraissés du haut
mercantilisme, présenteraient peut-être plus de
dangers que les grands seigneurs sous le règne
du fils de Charlemagne, grands seigneurs, dont
les vœux furent accomplis sous le règne de son

successeur Charles le Chauve. Plus de dangers, c'est qu'après Charles le Chauve, et sous les premiers Capétiens la féodalité fut générale et partant inoffensive quant aux envahissements contre les nations, tandis qu'à notre époque, ainsi que je l'ai dit, la Russie qui conserverait l'unité du pouvoir, deviendrait conquérante de notre pays et presque de toute l'Europe où le turban est faible et où le régime anglais serait encore plus faible

Avec le génie de Napoléon on est dans la certitude du recouvrement du gouvernement paternel, mais si ce recouvrement n'était fait pendant sa vie que deviendrions-nous, et dans un pays où l'égoïsme dit « Où je suis bien là est la patrie. » Quand le génie du trône tient ce langage, et le pratique, toutes les couches sont heureuses, par cela seul que l'éden du chef de l'Etat, est commun à tous ses sujets. Mais une faction en France qui aurait le souverain pouvoir, bénirait le protectorat du milord ou du Czar, exemple Bordeaux aux Anglais, depuis Eléonore d'Aquitaine jusqu'au règne de Charles VII.

J'ai parlé des républiques et des quasi-républiques; à Rome, du temps des Domicien, des Comode, des Caracalla, on n'établit pas des quasi-républiques? Les formes étaient des potiques, parce que le principe était despotique. Actuellement en France, il y a plus de variantes de luxe qu'à Rome du temps des Empereurs, ce qui n'empêche pas le haut mercantilisme de vouloir à toute force des quasi-républiques. Sous l'hypocrisie de ces formes n'aurait-on pas un despotisme plus meurtrier qu'à Rome ; oui, parce que sous ces formes régnerait le despotisme à plusieurs têtes. La France est digne du gouvernement paternel ; il est imparfait, mais il est franc et égalitaire. J'attends sa venue avec autant de confiance qu'en 1854, l'avenue de l'unité italienne. L'article suivant dont je suis l'auteur fait foi de mon symbole en 1854.

Il avait été inséré au journal *le Progrès* de Villeneuve, le 20 août 1854. Dans cet article je proclame avec garantie historique la restriction des trente-huit Etats au-delà du Rhin, à un nombre moindre. La journée de Sadowa indique cette restriction.

ORIENT, ALLEMAGNE, ITALIE

L'Europe en général imitera-t-elle nos institutions politiques ? *L'histoire va résoudre la question.*

A l'heure qu'il est le canon se fait entendre sur le Danube. La guerre a pris pour son théâtre la Turquie d'Europe. Le choix est logique. La guerre se porte là où les idées ont le plus de rouille à laver. La guerre a pour mission de porter dans son parcours le flambeau de la civilisation. C'est la guerre qui fit apparaître à Constantin une croix lumineuse sous les murs de Rome qu'il assiégeait avec justice contre Maxance. C'est la guerre qui brisa l'arianisme entre les mains de Clovis le grand. C'est la guerre qui, par Godefroy de Bouillon, rétablit la lumière du Saint-Sépulcre. C'est la guerre qu'Henri IV avait choisie pour donner la paix à l'Europe. C'est la guerre dont se servit Richelieu par d'Harcourt, dans le but de retrancher les disproportions des forces autrichiennes. C'est la guerre que mit en usage Mazarin, par Turenne et Condé de société avec les suédois Torstenton et Wragel, pour rendre à l'Europe son assiette d'équilibre. C'est la guerre qui fit un phare des traités de Westphalie, de Nymègue, de Ryswichs dans toute l'Allemagne. C'est la guerre qui sema sur le Pô, le Tibre, l'Ebre, le Duero, le Tage, le Rhin, l'Elbe et le Danube, les documents de la politique de Napoléon Ier et de la gloire française. C'est la guerre qui, fesant aujourd'hui des prodiges sur le Bosphore, doit poser des limites d'ordre au czar et convertir l'islamisme à la foi de nos smybôles.

Forte de l'adoration du vrai Dieu, Constantinople aura une ère de longévité toute autre que sous les règnes des Empereurs Grecs. Les empereurs grecs se séparèrent par l'organe de Phocius du mystère du St-Esprit. Pour avoir crucifié Jésus, Israël fut dispersé ; or, pour avoir blasphémé contre une partie de la trinité, Mahomet II donna la chasse à Constantin VIII, et l'ancienne Bysance devint la conquête des Musulmans. Retrempée par le baptême de la France, Constantinople sera éternelle commè Rome. A l'exemple de la cité du souverain pontife, Constantinople embouchera la trompette, et sa mission sera dans la seconde partie du monde. Comme le Christ veut la liberté, sur ses ordres les dames de France ôteront les verroux humiliants pour les dames ottomanes. Ces dames, comme les nôtres, ne doivent avoir d'autres gardiens que les esprits purs et invisibles qui veillent à leur salut.

Les Turcs furent nos alliés pendant le règne du grand roi. En leur qualité d'auxiliaires d'un roi et d'un peuple très chrétien, Dieu sema parmi eux des grâces surnaturelles qui devaient porter des fruits au XIXe siècle. Sans les bontés ineffables du ciel, Constantinople aurait eu le sort de Babylone et de Bagdha, elle aurait succombé au châtiment de Dieu.

Dieu a parlé à Constantinople par ses revers et à l'avenir il lui parlera par ses triomphes. Par ses revers, on se rappelle la néfaste de Zante qui détermina le traité de Carlowitz ; on se rappelle la néfaste de Péter Wardain qui fit le traité de Passarowitz, ces néfastes dues à la gloire du prince Eugène de Savoie : on se rappelle la néfaste de Martinesty, faite par le philosophe Joseph II, empereur d'Autriche ; on se rappelle le combat de Navarin isolant la Morée et l'Egypte. Constantinople à supporté ses malheurs avec la résignation de Job.

La félonie de l'Egypte et la presque séparation des côtes de Barbarie ont fait retentir aux oreilles du musulman son acheminement au gouvernement approprié au caractère de l'homme et des peuples, gouvernement que Rousseau a placé entre le ciel et le châtiment des démons.

La vigoureuse défense de la Turquie contre les Russes démontre son repentir et sa haine contre le despotisme. La Turquie, par ses réformes et son alliance avec la France, a fait un grand pas vers l'imitation de nos institutions ennemies du despotisme. En France, il n'y a que le régime féodal et le régime parlementaire qui font le despotisme. Hormis ces régimes, le gouvernement est paternel en France ; au sein de son oréole c'est toujours la gloire avec les prospérités. Quelquefois il arrive que la politique porte quelques nuages, mais le peuple ne séjourne pas longtemps sur le mont Aventin. La majorité d'un roi ou d'un empereur ramène l'arc-en-ciel de la paix.

Les seules maladies du principe français sont les régences ou les imbécilités de la première place. Or, depuis Capet on ne compte que celle de Charles VI ; alors seulement la France devient le jouet temporaire des factions accouplées avec l'étranger. Les orages sont loin de donner la mort à la patrie, elle trouve toujours son salut dans la main paternelle qui tient le gouvernail du vaisseau de l'Etat.

Avant de déposer le turban et de se conformer aux institutions essentielles de l'Europe, la Turquie a des tempêtes à essuyer. La Russie pacifiée au moyen de la victoire, le Musulman néophite accompagnera le drapeau français dans ses voyages d'Allemagne. La conversion ottomane épargnera des batailles dans la Germanie. La routine monacale et féodale vit encore parmi les Allemands. Les intelligences d'outre Rhin demandent à hauts cris des réformes sur le modèle de la France. Elles demandent la mise en pratique des théories de Joseph II, retirées par Léopold II. Au-delà du Rhin la réforme ne trouvera de résistance que parmi les margraves et les roitelets partisants en tous lieux des démembrements des états. L'opposition aura à soutenir la lutte des rois, des empereurs et des peuples. A cet égard, on se rappelle l'adoption du projet Rayneval. L'intervention française forte du déchirement du livre de Mahomet et du triomphe contre les attentats moscovites se trouvera en face d'une démagogie aristocratique généralement réprouvée. L'intervention n'en voudra pas au blazon mais seulement à ses retards. Depuis l'exécution du manifeste du duc de Brunwitz ourdi par Léopol II et Frédéric Guillaume à la conférence de Pilnitz, jusqu'à la déchéance de Napoléon Ier, les masses allemandes eurent le temps de s'instruire de la bouche de nos soldats, en cantonnement sur leur territoire. Ces considérations me paraissent évidemment une garantie de succès.

— Un mot sur la situation de la Prusse, de l'Italie, de l'Autriche, de l'Espagne et l'Irlande.

La Prusse, pour tenir tête à la France, prit l'initiative des réformes en 1809. Les prérogatives se portèrent de leur propre volonté dans le creuset de l'épuration. Le commandement royal sextupla la vitesse de ses ordres efficaces ; l'harmonie se manifesta dans des pondérations sociales. A quelque chose près la Prusse est à la hauteur de la France pour ses institutions organiques. La Prusse est par le Zollverein la lumière de l'Allemagne. La législation politique de la Prusse est conservatrice des dynasties et de toutes les couches du peuple. Cet ordre a pour point d'appui les contreforces des corporations politiques. En l'absence de l'existence de ces corporations, la race royale serait peu sûre de sa continuation dans l'avenir des siècles ; elle serait à la merci du hasard et des caprices. Quand les distinctions sont placées chacune à leur rang, suivant les leçons de l'expérience, les gouvernements marchent à l'égal de la nature du monde. Tout va bien en France, je n'ai voulu que rappeler des doctrines.

L'Italie, à l'égal de l'Allemagne, gémit sous le joug des formes monacales et féodales. Sa Majesté de France intervint dans la ville éternelle et éleva à l'égal d'un phare, un grand exemple de réorganisation. L'Italie est déchirée par les démembrements de son territoire Ces démembrements sont la diagnostique de la glèbe et de toutes ses tribulations. Les roitelets et sous-roitelets se félicitent seuls de l'obscurantisme conservé par les démembrements : En Italie, la réforme ne trouvera d'obstacle que dans la caste seigneuriale aguerrie contre la civilisation. En temps de guerre, les petits états d'Italie deviennent la conquête de la grande puissance qui met la première pied à terre sur leur territoire Durant la paix, ces petits états supportent les monopoles des grands états. La situation des petits états est tout-à-fait ilote ; leurs chefs ne sont au résultat que les cipayes des nations de premier ordre. L'intérêt des peuples dont se composent les petits états d'Italie, exige leur conversion en un seul, où viendraient fusionner le lombard vénitien, le royaume de Sardaigne, les duchés de Parme, de Plaisance, de Modène, de Toscane et tous les petits gouvernements de la Péninsule ; un seul gouvernement en Italie aurait au-dedans des rayons égalitaires et au dehors une attitude de dignité.

L'Autriche est fort arriérée : la couronne de Vienne est chancelante. Une guerre corps à corps par la Russie contre l'Autriche, la précipiterait à terre, comme sous le règne de Louis XV, celle de Stanislas. Les diverses provinces de l'Autriche ne gravitent pas davantage autour du cabinet de Vienne, que les divers états d'Allemagne à l'époque de Frédéric III, duc d'Autriche, autour de cet empereur. La Hongrie n'est pas plus homogène à la cour de Vienne que du temps de Tekely. Les autres provinces sont également incohérentes sous une infinité de rapports. Les provinces préféreront le rayonnement uniforme du cabinet de Vienne à l'isolement de ce cabinet, parce que la civilisation prescrits à ces états de relever immédiatement du gouvernement de Vienne. Le cabinet d'Autriche ne peut que souscrire à l'adoption de la réforme, parce qu'elle est son salut et une augmentation prodigieuse des forces au dedans et à l'extérieur La réforme, que sollicite la maturité des idées en Autriche lui vaudra davantage pour sa défense contre la Russie que dix victoires remportées sur cette nation. L'homogénéité procurée à l'Autriche par la réforme, rendra le gouvernement de Vienne on ne peut pas plus paternel. Les guerres civiles fuiront devant le sentiment du père de la patrie, et les peuples embrasseront les bienfaits de la centralisation.

L'Espagne autrefois si florissante, est passée à l'état de ruine depuis l'introduction du régime parlementaire contre son principe. C'est l'étranger qui, à la faveur d'une faction devint l'auteur de cette introduction. Elle valait à l'étranger des comptoirs, des marchés, des spéculations à cent pour cent. Le Portugal, la France, la Belgique eurent à souffrir de la même fausse nature gouvernementale de l'Espagne. L'Espagne attribue ses guerres civiles et la félonie de ses colonies à l'introduction du régime parlementaire qui n'aurait jamais eu d'accès dans la Péninsule sans la politique cupide d'une nation étrangère ; il sera facile à l'Espagne d'imiter la France, son alliée naturelle. L'Espagne a tous les éléments de notre principe politique, peut-elle rester en arrière de la réforme ? elle lui rendra son ancienne splendeur.

L'Irlande présente le spectacle de la misère. Chrétienne, son cœur est toujours ferme. Elle aime la France par-dessus les autres nations, elle presse sur le souvenir de ses sentiments, la mémoire de Tourville, d'Haubert et de Napoléon Ier. Le cabinet de Saint-Jammes identifié avec les vertus françaises qui s'intéressent au sort de l'Irlande, ne peut que s'identifier avec cette nation. Les grands évènements politiques ramènent les peuples, quels qu'ils soient, au droit privé et internationnal.

Ce n'est qu'après épuisement, que la Russie mettra bas les armes. Pendant son repos la France a intérêt à intervenir dans les affaires d'Allemagne et d'Italie. Cet intérêt est supérieur à celui de Rome en décadence, parce que Rome en décadence ne pouvait qu'ajourner le triomphe des avalanches boréales, nous pouvons empêcher leur invasion. La muraille que Rome en décadence bâtit entre le Rhin et le Danube fut impuissante contre les incursions barbares, la constitution de quatre ou cinq états en Allemagne et en Italie ne peut être que fructueuse.

Il faut quatre ou cinq états en Allemagne et un seul en Italie, en remplacement d'une cinquantaine au-delà du Rhin et des Alpes.

Seule, la France résista à la Russie. Secourue de cinq ou six états alliés, elle est à l'abri de tout esprit conquête : l'Europe aura la même sécurité.

On m'objecte que l'Angleterre est amie des régimes parlementaires et qu'elle prêchera pour leur propagande. La crainte du renouvellement du projet de Paul Ier et de ses alliances tiendra Milord loin de la démagogie en Allemagne. L'intervention de la France au-delà du Rhin est la sauvegarde du gouvernement britannique aux Indes Orientales et en Angleterre.

Je crois avoir dit que l'Allemagne et l'Italie veulent secouer le joug des petits états et adopter les grands fixés à quatre ou cinq, parce que les grands états sont d'origine commune et que sous leurs auspices les peuples sont heureux.

Salles, 17 août.

Emmanuel GERVAIS.

Des assemblées générales. — Du bien et du mal qu'elles peuvent faire ; le tout envisagé depuis Clovis le Grand, jusqu'au mois d'avril 1870.

En France, depuis l'origine de la monarchie, les assemblées générales ont été convoquées bien rarement. Quand à raison de la divisibilité de la couronne, les grands eurent obtenu au traité d'Andely, l'hérédité des bénéfices, traité rougi du sang de Brunehaut que Clotaire II fit écarteler, la France fut déchirée par les guerres civiles, et par toute sorte de malversations. Les hommes libres à qui une partie du territoire des Gaules avait été distribué, avaient été dépouillés de leurs biens et de leur liberté, parles Leudes qu'on peut comparer aux hommes du haut mercantilisme qui occupaient la première place de l'Etat sous le règne de Sa Majesté citoyenne de 1830. Si les Leudes avaient contre eux l'abus de la force, du moins ils avaient le mérite de repousser les étrangers quand ils cherchaient à s'emparer de la patrie. Différant des preux de 1830, ils ne pactisaient pas avec les ennemis pour partager avec eux les revenus de la nation.

L'Empereur Charlemagne convoqua les assemblées générales, et elles portèrent d'excellents fruits, par cela seul que la nature avait doté Charlemagne du génie de l'homme d'état. Au Champ de Mars, au Champ de Mai, Charlemagne obtint la restitution volontaire des biens au profit des hommes libres, et parmi ces biens, le meilleur de tous, la liberté. Charlemagne après l'obtention du mobile des contreforces intérieures au profit du radicalisme, qui comprenait les hommes libres, congédia les assemblées générales, car leur mission était remplie.

A Noyon, il y eut aussi, une assemblée générale, mais comme cette assemblée n'avait été faite sur les ordres du monarque dont la force était aussi pitoyable que celle de la Reine victoire de notre époque, en Angleterre, les Leudes firent une constitution toute en leur faveur, laquelle porta le nom de *Vieille Roche* de *féodalité !*

Ce régime féodal fut consolidé sur quatre bases difficiles, très difficiles à renverser, mais le génie de nos capéciens se mit à l'œuvre et finit par renverser ces quatre bases; sous le règne de Philippe-le-Bel ces quatre bases n'existaient plus.

Les hommes libres sous la forme du radicalisme, avaient secoué leurs chaines, et leur puis-

sance se trouvait à la hauteur des très hauts puis-
sans seigneurs, Philippe-le-Bel qui pouvait con-
voquer les assemblées générales, à raison du génie
que Dieu lui avait donné, les convoqua avec fruit.
Par la convocation, le radicalisme sentit ses forces, et par gratitude envers le monarque, la couronne obtint les subsides nécessaires aux diverses
consommations reproductives.

Les hommes du haut mercantilisme du présent
criaient hosanna ! par cela seul qu'ils voyaient le
régime anglais dans notre Constitution, ce régime
étant pour eux, comme le régime de Noyon pour
les usurpateurs des bénéfices et des offices; par
le régime anglais, les usurpateurs des finances a
la date de 1830, croyaient rétablir l'équivalent du
régime féodal du passé; je n'exagère pas, car le
petit peuple d'Angleterre à une condition pire que
celle du radicalisme de nos époques barbares en
France.

J'ai dans cet opuscule, exprimé une partie des
flagellations qu'ont à endurer les malheureux qui
sont sous la compression de milord.

Le radicalisme français, à la vue du régime anglais substitué à sa vraie nature gouvernementale-
a saisi la fronde et s'est montré disposé à s'en ser,
vir contre le Goliad haut mercantilisme. Est-il

blamable d'être refractaire à l'équivalent de la féodalité ? Le haut mercantilisme est aussi riche en espèces métalliques, que les Leudes de Noyon en propriétés immobilières. Si on avait laissé faire le haut mercantilisme auquel appartiennent comme complices, MM. Daru et Buffet, le haut mercantilisme aurait pu trop longtemps inonder la France de tribulations. Le principe de la France a toujours eu la propriété de rompre les langes dont on l'a garrotté, mais il a fallu des siècles. Or pourquoi souffrir pendant des siècles lorsqu'on a sous la main, les moyens efficaces contre les trop hautes richesses. Les Capéciens enseignèrent comment ont restreint les trop hautes richesses. Il y a des arguments *ad hominem* devant lesquels on ne doit pas reculer.

Nous avons vu la convocation des assemblées générales deux fois favorables au pays sous Charlemagne et Philippe-le-Bel. A Noyon, les Leudes étaient seuls dans les délibérations, ils ne devaient pas prendre le parti du radicalisme qu'ils avaient ruiné une seconde fois après le règne de Charlemagne, libérateur du radicalisme sous la forme des hommes libres.

Une faction avait convoqué l'assemblée de Noyon, par cela même elle fut funeste au pays.

La faction de Charles-le-Mauvais de Navarre, et de Marcel, de connivence avec Edouard III, roi d'Angleterre, avait convoqué une assemblée générale ; par cela même elle fut funeste au pays jusqu'au retour de l'Arc-en ciel du principe de la France, vainqueur des anomalies par le châtiment contre Marcel, prévôt des marchands, et par le traité de Bretigny, l'aurore de la gloire de Duguesclin, et du départ des compagnies anglaises qui allèrent s'enrôler sous la bannière d'Henri de Transtamarre contre Pierre-le-Cruel.

Si le haut mercantilisme de notre époque avait lui-même convoqué les assemblées générales, la France aurait essuyé les mêmes anomalies qu'après l'assemblée de Noyon, et qu'après la convocation des assemblées générales par Charles-le-Mauvais. Les mêmes passions sont de tous les temps et de tous les lieux ; mais c'est le génie Napoléonien qui a convoqué les assemblées générales. Napoléon a voulu que la laideur du régime anglais se montrât quatre fois à la France ; l'irritation du peuple n'en est que plus grande, et son amour pour le gouvernement paternel, par cela même plus sensible.

Les richesses qui passèrent dans un petit nombre de mains sous la régence de Louis XV, régence de société avec l'Angleterre, comme sa Majesté de 1830, avaient fait un haut mercantilisme en 1789, de même que présentement les hautes richesses mal acquises depuis 1830 ; le haut mercantilisme qui afflige la France et la majeure partie de l'Europe à qui le principe de la France est commun. C'est la haute richesse de 1789 qui sollicita le régime anglais pour rétablir le régime féodal, sous l'équivalent d'une autre forme. Le radicalisme de 1789 ne se laissa pas prendre par la transformation, il en secoua le joug en 1793, et se félicita de l'ère nouvelle du 18 brumaire. Louis XVI excellent monarque en l'état de calme dans la nation, fut tout-à-fait impuissant en temps d'orages ; il fut le jouet des parlements irrités et avaricieux ; il fut le jouet des novateurs ambitieux de l'exemple tout puissant des Lords. La haute richesse financière sous Louis XVI, et les vanités dans toutes les couches du peuple, firent l'assemblée Constituante qu'on peut comparer aux assemblées de Noyon, et du temps de Charles le mauvais de Navarre.

La 4ⁿ.ᵉ race faite par la gloire qui précéda le 18 brumaire, convoqua longtemps avec fruit les assemblées générales, or ces assemblées lors de l'arrivée des revers contre le génie, en sont l'ostracisme et la mort, si la dynastie n'était dans son printemps ou dans sa virilité d'existence.

Pour abréger mon exposé historique, Napoléon a devant lui cette alternative : la défénestration ou le maintien de son sceptre avec l'absolutisme plus rigoureux qu'en 1852.

Emmanuel GERVAIS.

ERRATA

1re page. Lire : Comme si ces formes *étaient*.
12 — — Les Nestor Guizot, Thiers.
15 — — Chevilly, au lieu de Clichi.

TABLE DES MATIÈRES